Moi aussi, je parle français!

Moi aussi, je parle français!

CAHIER 2

Anne-Marie CONNOLLY

Guérin Montréal Toronto
4501, rue Drolet
Montréal (Québec) H2T 2G2 Canada
Téléphone: 514-842-3481
Télécopie: 514-842-4923
Courriel: francel@guerin-editeur.qc.ca
Site Internet: http://www.guerin-editeur.qc.ca

© Guérin, éditeur ltée, 2007

Tous droits réservés.
Il est
interdit de
reproduire,
d'enregistrer ou
de diffuser, en tout
ou en partie, le
présent ouvrage par
quelque procédé que ce soit,
électronique, mécanique,
photographique, sonore, magnétique
ou autre, sans avoir obtenu au
préalable l'autorisation écrite de l'éditeur.

Dépôt légal

ISBN 978-2-7601-6933-3

Bibliothèque et Archives nationales du Québec, 2007
Bibliothèque et Archives Canada, 2007

Imprimé au Canada

Illustrations : Toan

Nous reconnaissons l'aide financière du gouvernement du Canada par l'entremise du Programme
d'Aide au Développement de l'Industrie de l'Édition (PADIÉ) pour nos activités d'édition.

Canada

LE «PHOTOCOPILLAGE» TUE LE LIVRE

Il est coiffeur, elle est avocate

Il est mexicain.
Il est coiffeur.

Elle est mexicaine.
Elle est avocate.

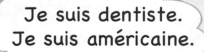

1. Le journaliste est anglais.

   _____ journaliste est _____.

2. Le dentiste est américain.

   _____ dentiste est _____.

3. Le pianiste est espagnol.

   _____ pianiste est _____.

4. Le fleuriste est français.

   _____ fleuriste est _____.

5. Ils habitent en Angleterre.

   Il est_____. Elle est_____.

6. Ils habitent aux États-Unis.

   Il est_____. Elle est_____.

7. Ils habitent en Espagne.

   Il est_____. Elle est_____.

8. Ils habitent en France.

   Il est_____. Elle est_____.

Pedro Gonzales

mexicain, coiffeur

Joan Clark

canadienne, cuisinière

Pierre Dubois

français, serveur

Yoko Okada

japonaise, épicière

1. Son nom est Pedro Gonzales. Quel est son métier?

   _____

2. Son nom est Yoko Okada. Quel est son métier?

   _____

3. Son nom est Pierre Dubois. Quel est son métier?

   _____

4. Son nom est Joan Clark. Quel est son métier?

   _____

5. Elle est japonaise. Comment elle s'appelle?

   _____

6. Il est mexicain. Comment il s'appelle?

   _____

7. Elle est canadienne. Comment elle s'appelle?

   _____

8. Il est français. Comment il s'appelle?

   _____

9. Il est coiffeur. Quelle est sa nationalité?

   _____

10. Elle est cuisinière. Quelle est sa nationalité?

    _____

11. Il est serveur. Quelle est sa nationalité?

    _____

12. Elle est épicière. Quelle est sa nationalité?

    _____

1. Le cuisinier est japonais.

   a) La _____ est _____.

   b) Les _____ _____ _____.

2. L'épicier est canadien.

   a) L'_____ est _____.

   b) Les _____ _____ _____.

3. Le policier est américain.

   a) La _____ est _____.

   b) Les _____ _____ _____.

Le chanteur est espagnol.

La chanteuse est espagnole.

Les chanteurs sont espagnols.

1. Le chanteur est espagnol.

   a) La _____ est _____ .

   b) Les _____ _____ _____ .

2. Le serveur est français.

   a) La _____ est _____ .

   b) Les _____ _____ _____ .

3. Le coiffeur est mexicain.

   a) La _____ est _____ .

   b) Les _____ _____ _____ .

√ serveur
chanteur
coiffeur
cuisinier
épicier
policier

serveuse
✓ chanteuse
coiffeuse
cuisinière
épicière
policière

Je fais du ski, elle fait de la danse

Je fais du patin.

Je fais du vélo.

Je fais de la boxe.

Je fais de la marche.

Je fais de la danse.

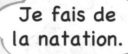

Je fais de la raquette.

Je fais de la natation.

12

Qu'est-ce qu'elle fait?

1. Elle _____fait_____ ____le____ ____ménage____ .

Qu'est-ce qu'elle fait?

2. Elle _____ _____ .

Qu'est-ce qu'il fait?

3. Il _____ ____ _____ .

1. Il __fait__ de la __peinture__.

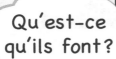

Qu'est-ce qu'ils font?

2. Elle _____ _____ _____.

3. Ils _____ _____ _____

1. Elle <u>fait</u> <u>du</u> <u>café</u>.

Qu'est-ce qu'ils font?

2. Il _____ ____ _____.

3. Il _____ ____ _____.

```
  J E   F A I S
  T U     F
  I L     F
N O U S   F
V O U S   F
E L L E S F
```

D U

```
C
C J
J S
S V   D U
V P
P B
B
```

JE FAIS

TU F
ELLE S F
NOUS S F
VOUS S F
ILS F

DE LA

M
D
C
M
N
P

On ne fume pas ici

Est-ce qu'il est jeune?

1. Non, <u>il</u> <u>n'est</u> <u>pas</u> <u>jeune</u>.

Est-ce qu'ils sont riches?

2. Non, _____ _____ _____ _____ _____.

Est-ce qu'ils sont tristes?

3. Non, _____ _____ _____ _____ _____.

Tu ne fais pas de bruit!

1. Faire du bruit.

Tu _____.

2. Jouer dans la rue.

Tu _____.

3. Monter aux arbres.

Tu _____.

4. Rentrer tard.

Est-ce qu'elle parle avec ses amies?

Je ne parle pas avec mes amies.

1. Non, <u>elle ne parle pas avec ses amies, elle écoute la radio.</u>

Est-ce qu'il lave son chien?

2. Non, _____

_____

Moi AUSSI, je parle français!

Est-ce qu'il joue au tennis?

3. Non, _____

_____

Est-ce qu'ils font de la peinture?

4. Non, _____

_____

24

Est-ce qu'ils font de la marche?

5. Non, _____ _____

Est-ce qu'ils font la vaisselle?

6. Non, _____ _____

Moi AUSSI, je parle français!

Est-ce qu'il a froid?

1. Non, _il n'a pas froid, il a chaud_.

Est-ce qu'elle a peur?

2. Non, _____.

Est-ce qu'il a soif?

3. Non, _____.

Est-ce qu'il a chaud?

4. Non, _____.

Est-ce qu'ils ont faim?

5. Non, _____.

Est-ce qu'ils ont sommeil?

6. Non, _____.

Moi AUSSI, je parle français!

1. J'ai sommeil.

2. J'ai _____

3. J'ai _____

4. J'ai _____

5. J'ai _____

| la tête | l'oeil les yeux | l'oreille | le coeur | le dos | la gorge | la main | la jambe |

J'ai mal !

la tête
l'oreille
les yeux
les dents
le bras
la main
la jambe
le pied

1. Il a mal __à la__ tête.
2. Il a mal ___au___ pied.
3. Il a mal ___aux___ yeux.
4. Il a mal _____ bras.
5. Il a mal _____ main.
6. Il a mal _____ dents.
7. Il a mal _____ jambe.
8. Il a mal _____ oreilles.

1. Est-ce que tu as froid aux pieds?
   Non, __je n'ai pas froid aux pieds.__

2. Est-ce que tu as faim?
   Non, _____

3. Est-ce que tu as mal à la tête?
   Non, _____

4. Est-ce que tu as chaud?
   Non, _____

5. Est-ce que tu as peur du chien?
   Non, _____

6. Est-ce que tu as soif?
   Non, _____

7. Est-ce que tu as sommeil?
   Non, _____

Elles rêvent à Antoine

Elles rêvent à Antoine.

Il rêve à ses vacances.

1. **À qui est-ce qu'il chante une chanson?**
   Il chante une chanson à Juliette.

2. **À qui _____?**
   Elle offre un cadeau à son ami.

3. **À qui _____?**
   Il demande son chemin au policier.

4. À qui _____ ?

Elle donne de l'argent à sa nièce.

5. À qui _____ ?

Elle raconte une histoire à sa poupée.

6. À qui _____ ?

Il coupe les cheveux à Michel.

À qui est-ce qu'elles téléphonent?

1. Elles __téléphonent à Sophie__ .

À qui est-ce qu'il ressemble?

2. Il _____ à _____ .

À qui est-ce qu'il parle?

3. Il _____ aux _____ .

38

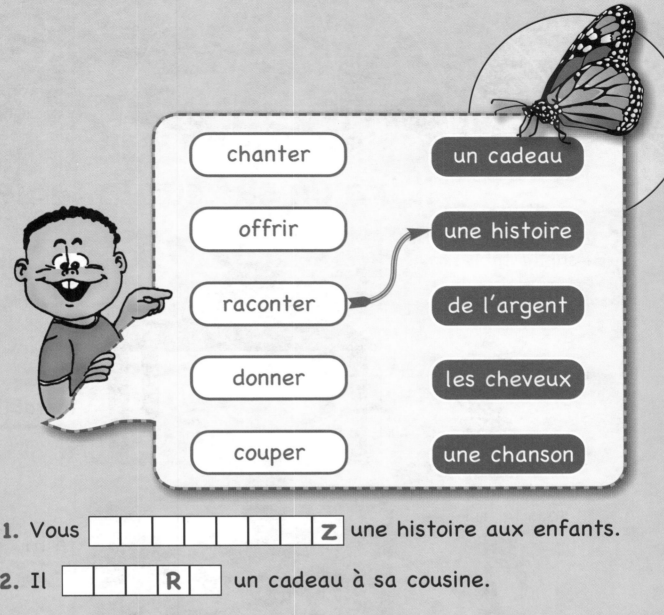

chanter

offrir

raconter

donner

couper

un cadeau

une histoire

de l'argent

les cheveux

une chanson

1. Vous ☐☐☐☐☐☐☐ **Z** une histoire aux enfants.

2. Il ☐☐☐ **R** ☐ un cadeau à sa cousine.

3. Je ☐☐☐ **N** ☐☐ une chanson au bébé.

4. Elle ☐ **O** ☐☐☐ les cheveux à son fils.

5. Ils ☐☐☐ **N** ☐☐☐ de l'argent aux pauvres.

6. Elles ☐☐ **V** ☐☐☐ aux vacances.

7. Tu ☐☐☐ **S** ☐☐☐☐☐☐ à ta soeur.

8. Nous ☐☐ **R** ☐☐☐☐ au professeur.

Ꙅ

Il y a un sac sur la table

Il y a un sac sur la table!

Il y a un homme sous le lit!

Il y a un voleur dans la maison!

un sac

la table

le lit

une homme

la maison

un voleur

Il y a
un policier
devant la porte!

la porte

un policier

Il y a
des policiers
derrière le voleur!

le voleur

des policiers

Il y a
un voleur
entre les policiers!

les policiers

un voleur

1. [**Il y a**] un sac [**sur**] la table.

2. [   ] un homme [   ] le lit.

3. [   ] un voleur [   ] la maison.

4. [   ] un policier [   ] la porte.

5. [   ] des policiers [   ] le voleur.

6. [   ] un voleur [   ] les policiers.

Moi AUSSI, je parle français!

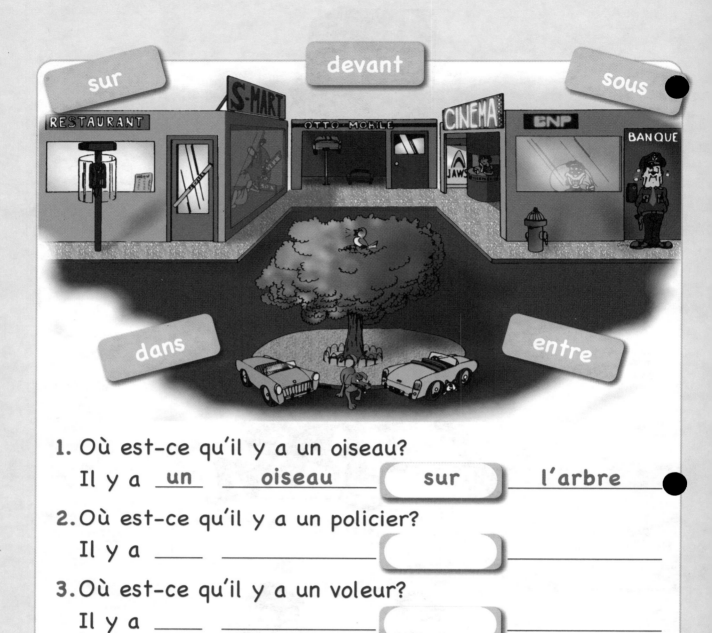

1. Où est-ce qu'il y a un oiseau?

   Il y a __un__ ____oiseau____ ⟨ sur ⟩ l'arbre

2. Où est-ce qu'il y a un policier?

   Il y a ____ _____ ⟨ ⟩ _____

3. Où est-ce qu'il y a un voleur?

   Il y a ____ _____ ⟨ ⟩ _____

4. Où est-ce qu'il y a un chat?

   Il y a ____ _____ ⟨ ⟩ _____

5. Où est-ce qu'il y a un chien?

   Il y a ____ _____ ⟨ ⟩ _____

6. Où est-ce qu'il y a un téléphone?

   Il y a ____ _____ ⟨ ⟩ _____

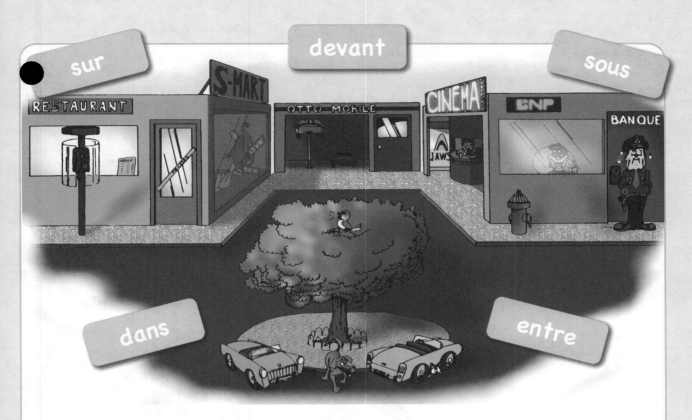

sur   devant   sous

dans   entre

1. Est-ce qu'il y a un policier devant le restaurant?
   Non, _il y a un policier devant la banque._

2. Est-ce qu'il y a un voleur derrière la voiture?
   Non, _____

3. Est-ce qu'il y a un chat sur l'arbre?
   Non, _____

4. Est-ce qu'il y a un chien dans le restaurant?
   Non, _____

5. Est-ce qu'il y a un téléphone devant le cinéma?
   Non, _____

6. Est-ce qu'il y a une auto devant le garage?
   Non, _____

Je t'aime

Tu m'examines?

Oui, je t'examine.

1. Madame Dupont examine sa soeur?
   Oui, ___elle___ ___l'examine___

Tu m'écoutes?

Tu m'aimes?

2. Paul écoute sa mère?
   Oui, _____ _____

3. Marie aime Laurent?
   Oui, _____ _____

1. Ils mangent le gâteau ?

Oui, _____ils_____ ____le____ _____mangent._____

2. Il coupe le bois ?

Oui, _____ _____ _____

3. Ils lavent le chien ?

Oui, _____ _____ _____

1. Ils chantent la chanson?

   Oui, _____ils_____ _____la_____ ____chantent.____

2. Ils mangent la soupe?

   Oui, _____ _____ _____

3. Il présente son amie?

   Oui, _____ _____ _____

1. Elle fait ses devoirs?

   Oui, __elle__ __les__ _____ fait. _____

2. Ils aiment les moustaches?

   Oui, _____ _____ _____

3. Elle regarde les trains?

   Oui, _____ _____ _____

1. Les enfants cherchent le chat.
   Ils   le   cherchent.
2. Marie lave la vaisselle.
   Elle   lave.
3. Papa porte les valises.
   Il   porte.
4. Le chat regarde l'oiseau.
   Il   regarde.
5. Ma soeur garde les enfants.
   Elle   garde.
6. Tu fais le café.
   Tu   fais.
7. J'aime la musique.
   Je   aime.

Regarde-moi!
Aidez-moi!

Apportez-moi
un café.

1. Apporter

2. Attendre

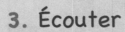

3. Écouter

1. Regarder

Regarde-moi.

2. Écouter

3. Aimer

1. Tu ne m'écoutes pas!
   <u>Écoute-moi!</u>

2. Tu ne me parles pas!
   _____

3. Tu ne me regardes pas!
   _____

4. Tu ne m'aimes pas!
   _____

Il faut écouter
le professeur.

5. Il faut écouter le professeur.
   <u>Écoute le professeur.</u>

6. Il faut manger ta soupe.
   _____

7. Il faut fermer la fenêtre.
   _____

8. Il faut embrasser ton frère.
   _____

Il lui dit d'entrer.

Entrez.

1.

Il lui dit d'arrêter.

_____

2.

Il lui dit de traverser.

_____

3.

Il lui dit de fermer la porte.

Ferme la porte.

1.

_____

Il lui dit de signer la lettre.

2.

_____

Il lui dit de donner le ballon.

3. _____

Moi AUSSI, je parle français!

le beurre   le pain   le poulet   les fruits   le fromage

l'eau   le café   le lait   la viande   la salade

1. apporter / pain   **Apporte le pain.**

2. préparer / café   _____

3. manger / salade   _____

4. couper / viande   _____

5. ajouter / eau   _____

6. apporter / lait   **Apportez le lait.**

7. préparer / salade   _____

8. manger / viande   _____

9. couper / poulet   _____

10. ajouter / beurre   _____

11. apporter / café   **Apportons le café.**

12. préparer / poulet   _____

13. manger / fruits   _____

14. couper / fromage   _____

15. ajouter / lait   _____

1. Ce sont mes skis.

les skis

2.

les raquettes

3.

les clés

4.

les patins

5.

les livres

6.

les valises

1. Ce bateau est à toi?

   Oui, _c'est mon bateau._

2. Cette guitare est à toi?

   Oui, _____

3. Ces skis sont à toi?

   Oui, _ce sont mes skis._

4. Ces valises sont à madame Fortin?

   Oui, _____

5. Ce vélo est à Michel?

   Oui, _____

6. Ce vélo est à Marie?

   Oui, _____

7. Cette voiture est à Julie?

   Oui, _____

8. Cette voiture est à François?

   Oui, _____

C'est ma voiture!

C'est mon frère.

C'est _____
_____

2. Est-ce que c'est le bébé de Jean?
_____

1. Est-ce que c'est le frère de Sophie?
   Oui, c'est son frère.

C'est _____
_____

C'est _____
_____

4. Est-ce que c'est le papa d'Antoine?
_____

3. Est-ce que c'est le mari de madame Tremblay?
_____

C'est ma grand-mère.

C'est _____
_____

2. Est-ce que c'est la maman d'Antoine?
_____

1. Est-ce que c'est la grand-mère de François?
   <u>Oui, c'est sa grand-mère.</u>

C'est _____
_____

C'est _____
_____

3. Est-ce que c'est la femme de Mathieu?
_____

4. Est-ce que c'est la fille de Monsieur Fortin?
_____

Moi AUSSI, je parle français!

C'est notre soeur.

C'est _____ _____

1. Est-ce que c'est la soeur des garçons?
   Oui, c'est leur soeur.

2. Est-ce que c'est la fille des Leblanc?
   _____

C'est _____ _____

C'est _____ _____

3. Est-ce que c'est le bébé des Leroux?
   _____

4. Est-ce que c'est la mère des enfants?
   _____

Ces enfants sont à moi.
Ce sont mes enfants.

1.

Ces enfants sont à toi.
Ce sont _____

2.

Ces enfants sont à lui.
Ce sont_____

3.

Ces enfants sont à elle.
Ce sont_____

4.

Ces enfants sont à nous.
Ce sont_____

5.

Moi AUSSI, je parle français!

10

**Où vas-tu ?
Où allez-vous ?**

Je vais en Italie.

Où vas-tu ?

Où allez-vous ?

Nous allons en Floride.

FLORIDE

Où vont-ils?

1.	Ils	vont	en	Europe.
2.	Elle	va	à	Paris.
3.	Tu	vas	en	France.
4.	Nous	allons	à	Venise.
5.	Vous	allez	en	Italie.

Moi AUSSI, je parle français!

Je **vais** à l'école.

Je_____ au bureau.

Nous_____ au Mexique.

Il _____ en prison.

Nous _____ au garage.

le parc

l'épicerie

l'église

la discothèque

le marché

l'hôpital

1. Je [vais] [au] parc.

2. Tu [vas] [à l'] épicerie.

3. Nous [allons] [à la] maison.

4. Je [   ] [   ] marché.

5. Il [   ] [   ] hôpital.

6. Nous [   ] [   ] garage.

7. Tu [   ] [   ] église.

8. Vous [   ] [   ] cinéma.

9. Elles [   ] [   ] discothèque.

1. Est-ce qu'il va au bureau?
   <u>Non, il va en Floride.</u>

2. Est-ce qu'elle va au cinéma?
   _____

3. Est-ce qu'il va à la discothèque?
   _____

4. Est-ce qu'il va au restaurant?
   _____

Je vais chez ma grand-mère.

1.

Je _____ _____ moi.

2.

Ils _____ _____ le coiffeur.

3.

Nous _____ _____ ma soeur.

4.

Quelle heure est-il ?

Il est 5 h cinq heures du matin
6 h six heures du matin
7 h sept heures du matin
8 h huit heures du matin
9 h neuf heures du matin
10 h dix heures du matin
11 h onze heures du matin
12 h midi
1 h une heure de l'après-midi
2 h deux heures de l'après-midi
3 h trois heures de l'après-midi
4 h quatre heures de l'après-midi
5 h cinq heures de l'après-midi
6 h six heures du soir
7 h sept heures du soir
8 h huit heures du soir
9 h neuf heures du soir
10 h dix heures du soir
11 h onze heures du soir
12 h minuit
1 h une heure du matin
2 h deux heures du matin
3 h trois heures du matin

sept
heures dix

sept heures
et quart

sept heures
et demie

huit heures
moins le quart

Moi AUSSI, je parle français!

Quelle heure est-il?

8 h 20   Il est huit heures vingt.

10 h 15   Il est dix heures et quart / dix heures quinze.

12 h 25   Il est midi / minuit vingt-cinq.

3 h 30   Il est trois heures et demie / trois heures trente.

4 h 05   _____

6 h 10   _____

9 h 20   _____

11 h 30   _____

12 h 00   _____

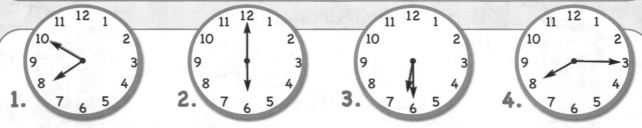

1.   À quelle heure est-ce que tu vas à l'école?
   Je vais à l'école à huit heures moins dix.

2.   À quelle heure est-ce que ta mère prépare le repas?
   _____

3.   À quelle heure est-ce que vous mangez?
   _____

4.   À quelle heure est-ce que vous allez au cinéma?
   _____

La semaine
lundi
mardi
mercredi
jeudi
vendredi
samedi
dimanche

A HUIT HEURES je vais à l'école.

☐ H ☐ ☐ je joue au ballon.

A ☐ ☐ je mange au restaurant.

☐ S H je fais mes devoirs.

☐ Q ☐ H je regarde la télévision.

☐ Q H je téléphone à mes amis.

☐ H je monte dans ma chambre.

A M je suis dans mon lit.

Il travaille le matin. Il travaille l'après-midi.

Il travaille!

Il travaille le soir. Il travaille la nuit.

78

2. Qu'est-ce qu'ils font l'après-midi?

_____

1. Qu'est-ce qu'il fait le matin?
Le matin, il va au bureau.

4. Qu'est-ce qu'il fait la nuit?

_____

3. Qu'est-ce qu'ils font le soir?

_____

Moi AUSSI, je parle français!

le lundi soir

le mardi

le mercredi

le jeudi

le vendredi

le samedi
matin

le dimanche
après-midi

le dimanche
soir

1. Ils font la cuisine __le lundi soir.__ _____

2. Il fait du vélo _____

3. Elle fait du patin_____

4. Il fait des réparations_____

5. Ils font de la musique _____

6. Elle fait du judo _____

7. Il fait de la peinture _____

8. Elle fait de la danse_____

80

Je lui ressemble

12

Il ressemble à son père.

Je lui ressemble.

Il ne ressemble pas à sa mère.

Je ne lui ressemble pas.

Au revoir!

1. Qu'est-ce qu'il dit
   à sa femme?
   Il lui dit au revoir.

2. Qu'est-ce qu'il demande
   au serveur?
   _____

3. Qu'est-ce qu'il dit
   au soldat?
   _____

4. Qu'est-ce qu'il dit
   à sa voisine?
   _____

1. Il écrit une lettre à sa mère?

   Oui, il lui écrit une lettre.

2. Il présente son amie à ses parents?

   Oui, il leur présente son amie.

3. Elle donne de l'argent à sa nièce?

   _____

   _____

4. Elle raconte une histoire aux enfants?

   _____

   _____

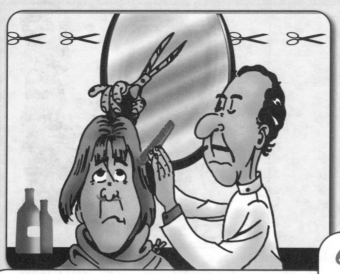

5. Il coupe les cheveux
à Michel ?

_____

_____

6. Elle offre des cadeaux
à ses amis ?

_____

_____

7. Il demande son chemin
au policier ?

_____

_____

8. Il chante une chanson
à la jeune fille ?

_____

_____

1. Il raconte **une histoire** aux enfants.

   Il (**leur**) raconte <u>une histoire</u>.

2. Il demande_____ au policier.

   Il (_____) demande _____.

3. Elle donne _____ à sa nièce.

   Elle (_____) donne _____.

4. Il écrit_____ à sa mère.

   Il (_____) écrit_____.

5. Elle offre _____ à ses amis.

   Elle (_____) offre _____.

6. Il présente_____ à ses parents.

   Il (_____) présente _____.

> Tu me donnes un cadeau!

1. Elle lui donne un cadeau.

> Ils _____

2. Ils lui lancent des fleurs.

> Il _____
> _____

3. Il leur raconte des histoires.

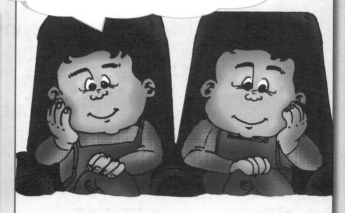

> Il _____

4. Il lui ressemble.

13

Je lave mon chien avec une brosse

une balai

une brosse

un couteau

une cuillère

une fourchette

une hache

des lunettes

un marteau

un crayon

une paille

un pinceau

une raquette

1. J'écris mon nom **avec un crayon.** _____

2. Je mange ma viande _____

3. Je bois mon lait _____

4. Je joue au tennis _____

5. Je coupe le bois _____

6. Je lis le journal _____

7. Je mange la soupe _____

8. Je lave mon chien _____

9. Je fais de la peinture _____

10. Je fais le ménage _____

11. Je répare la chaise _____

12. Je coupe le poulet _____

l'autobus

l'avion

le train

le métro

l'ambulance

le bateau

le taxi

1. Comment est-ce que vous allez à New York?

   Je vais (à) New York (en) _____train_____.

2. Comment est-ce qu'on va au Japon?

   On va ( ) Japon ( ) _____.

3. Comment est-ce qu'elle va à l'hôpital?

   Elle va ( ) l'hôpital ( ) _____.

4. Comment est-ce que tu vas à l'école?

   Je vais ( ) l'école ( ) _____.

5. Comment est-ce qu'il va au bureau?

   Il va ( ) bureau ( ) _____.

6. Comment est-ce qu'ils vont à l'aéroport?

   Ils vont ( ) l'aéroport ( ) _____.

7. Comment est-ce que vous allez à la plage?

   Nous allons ( ) la plage ( ) _____.

Moi AUSSI, je parle français!

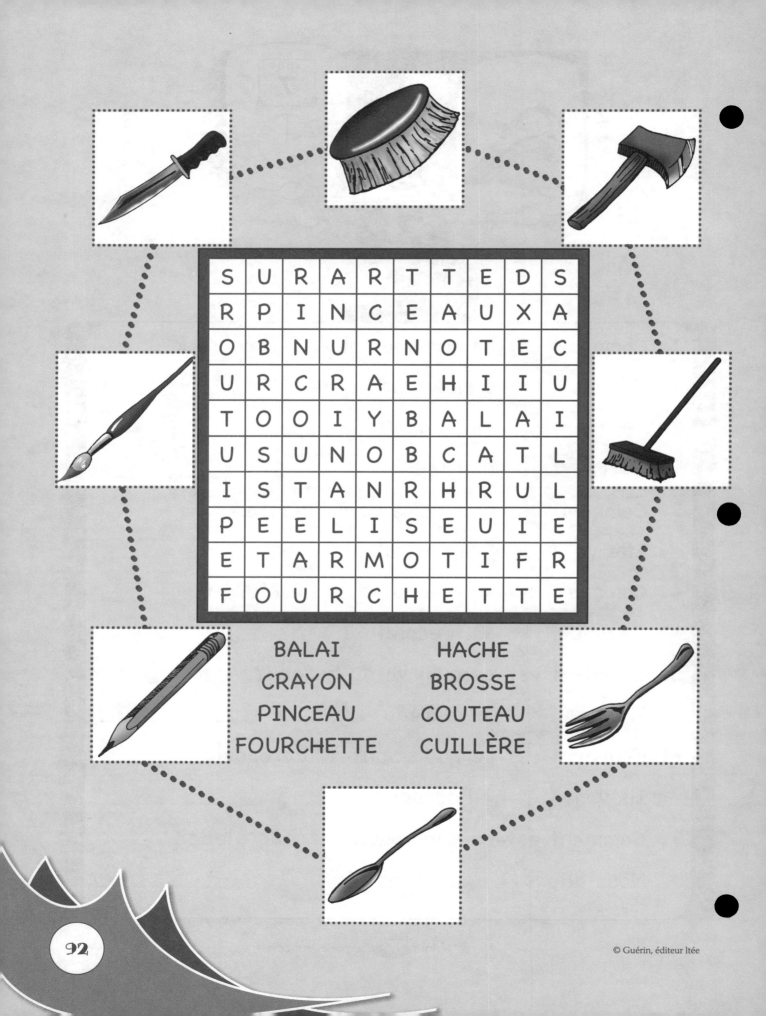

S	U	R	A	R	T	T	E	D	S
R	P	I	N	C	E	A	U	X	A
O	B	N	U	R	N	O	T	E	C
U	R	C	R	A	E	H	I	I	U
T	O	O	I	Y	B	A	L	A	I
U	S	U	N	O	B	C	A	T	L
I	S	T	A	N	R	H	R	U	L
P	E	E	L	I	S	E	U	I	E
E	T	A	R	M	O	T	I	F	R
F	O	U	R	C	H	E	T	T	E

BALAI   HACHE

CRAYON   BROSSE

PINCEAU   COUTEAU

FOURCHETTE   CUILLÈRE

P	R	O	M	I	S	T	E	I	M
O	A	M	B	U	L	A	N	C	E
U	U	F	M	U	L	Y	R	A	T
R	T	R	U	I	T	E	N	M	R
T	O	B	R	U	I	R	T	I	O
U	B	A	T	E	A	U	U	O	T
A	U	Y	A	A	V	I	O	N	U
E	S	T	X	R	E	U	R	U	I
T	R	A	I	N	U	I	E	T	E
R	U	I	L	R	E	S	T	E	N

TAXI   AVION

TRAIN   METRO

BATEAU   CAMION

AUTOBUS   AMBULANCE

1. Comment est-ce qu'on mange la soupe?
    avec une fourchette?

    Non, on mange la soupe avec une cuillère.

2. Comment est-ce qu'on fait le ménage?
    avec un pinceau?

    _____

3. Comment est-ce qu'on coupe la viande?
    avec une hache?

    _____

4. Comment est-ce qu'on traverse le lac?
    en vélo?

    _____

5. Comment est-ce qu'on va à l'école?
    en ambulance?

    _____

6. Comment est-ce qu'on joue au tennis?
    avec un balai?

    _____

7. Comment est-ce qu'on va au Japon?
    en métro?

14

C'est une belle petite fille

C'est un beau grand garçon!

C'est une belle petite fille!

Moi AUSSI, je parle français!

C'est une bonne **crème** glacée!

1.

C'est un gentil petit_____

2.

C'est une pauvre vieille
_____

3.

C'est une grosse_____
neuve.

4.

Moi AUSSI, je parle français!

Il est	**Elle est**
petit	petite
grand	grande
gros	grosse
maigre	maigre
court	courte
long	longue
beau	belle
laid	laide
gentil	gentille
méchant	méchante
bon	bonne
mauvais	mauvaise
jeune	jeune
vieux	vieille
neuf	neuve

Il est beau.

1. Ton frère est grand.

   Ta soeur est _____

2. Son fils est petit.

   Sa fille est _____

3. Mon père est gentil.

   Ma mère est _____

4. Leur grand-père est vieux.

   Leur grand-mère est _____

5. Notre voisin est méchant.

   Notre voisine est _____

Tu es gentille.

100

1. Il n'est pas petit.
   Il est _____grand._____

2. Il n'est pas jeune.
   Il est _____

3. Il n'est pas gros.
   Il est _____

4. Il n'est pas gentil.
   Il est _____

Il ne fait pas froid!

Il ne fait pas chaud.

5. Il ne fait pas froid.
Il fait _____

6. Il ne fait pas chaud.
Il fait _____

Nous ne sommes pas riches.

Nous ne sommes pas pauvres.

7. Ils ne sont pas riches.
Ils sont _____

8. Elles ne sont pas pauvres.
Elles sont _____

15

Je vais être chanteur

Quand je vais être grand, je **vais être pompier.**

1. être pompier

Quand je vais être grand, je _____ _____

2. faire des voyages

Quand je vais être grand, je _____ _____

3. avoir des enfants

Quand je vais être grand,
je _____
_____

4. ne pas aller à l'école

Quand nous allons être grands,
nous_____
_____

5. faire des voyages

Quand nous allons être grands,
nous_____
_____

6. être riche

1. Dimanche prochain, nous [   ] faire la fête.

2. Ce soir, je [   ] regarder la télévision.

3. Demain, tu [   ] aller chez ta grand-mère.

4. La semaine prochaine, il [   ] faire le ménage.

5. Lundi matin, elle [   ] aller chez le dentiste.

6. Mardi soir, nous [   ] parler au directeur.

7. Mercredi midi, vous [   ] manger au restaurant.

8. Jeudi matin, ils [   ] jouer au tennis.

9. Vendredi soir, je [   ] aller au cinéma.

10. Samedi soir, elles [   ] danser à la discothèque.

Qu'est-ce qu'ils vont faire samedi soir?

1. <u>Ils vont aller au théâtre.</u>

2. _____

3. _____

Moi AUSSI, je parle français!

107

1. Qu'est-ce qu'il va faire quand il va être libre?

   <u>Il va aller à la pêche.</u>

2. Qu'est-ce qu'il va faire quand il va être en vacances?

   _____

3. Qu'est-ce qu'ils vont avoir quand ils vont être riches?

   _____

C'est le printemps.

C'est l'été.

C'est l'automne.

C'est l'hiver.

1.

2.

3.

Qu'est-ce qu'ils vont faire ce printemps?

1. ___Il va aller à la pêche.___

2. _____

3. _____

Et toi? Qu'est-ce que tu vas faire ce printemps?

Ce printemps, _____

_____

1.

2.

3.

Qu'est-ce qu'ils vont faire cet été?

1. _____

2. _____

3. _____

Et toi? Qu'est-ce que tu vas faire cet été?

   Cet été, _____

   _____

Moi AUSSI, je parle français!

1.

2.

3.

Qu'est-ce qu'ils vont faire cet automne?

1. _____

2. _____

3. _____

Et toi? Qu'est-ce que tu vas faire cet automne?

Cet automne, _____

_____

1.

2.

3.

Qu'est-ce qu'ils vont faire cet hiver?

1. _____

2. _____

3. _____

Et toi? Qu'est-ce que tu vas faire cet hiver?

Cet hiver, _____

_____

CORRIGÉ

p. 3
1. La journaliste est anglaise.
2. La dentiste est américaine.
3. La pianiste est espagnole.
4. La fleuriste est française.
5. Il est anglais. Elle est anglaise.
6. Il est américain. Elle est américaine.
7. Il est espagnol. Elle est espagnole.
8. Il est français. Elle est française.

p. 5
1. Il est coiffeur.
2. Elle est épicière.
3. Il est serveur.
4. Elle est cuisinière.
5. Elle s'appelle Yoko Okada.
6. Il s'appelle Pedro Gonzales.
7. Elle s'appelle Joan Clark.
8. Il s'appelle Pierre Dubois.
9. Il est mexicain.
10. Elle est canadienne.
11. Il est français.
12. Elle est japonaise.

p. 6
1. a) La cuisinière est japonaise.
   b) Les cuisiniers sont japonais.
2. a) L'épicière est canadienne.
   b) Les épiciers sont canadiens.
3. a) La policière est américaine.
   b) Les policiers sont américains.

p. 7
1. a) La chanteuse est espagnole.
   b) Les chanteurs sont espagnols.
2. a) La serveuse est française.
   b) Les serveurs sont français.
3. a) La coiffeuse est mexicaine.
   b) Les coiffeurs sont mexicains.

p. 8

CHANTEUR — COIFFEUR — POLICIER — CUISINIER — ÉPICIER — SERVEUR

p. 9

CUISINIÈRE — CHANTEUSE — COIFFEUSE — POLICIÈRE — ÉPICIÈRE — SERVEUSE

p. 14
1. Elle fait le ménage.
2. Elle fait la cuisine.
3. Il fait la vaisselle.

p. 15
1. Il fait de la peinture.
2. Elle fait de la couture.
3. Ils font de la musique.

p. 16
1. Elle fait du café.
2. Il fait du bruit.
3. Il fait du feu.

p. 17 Je fais du cheval.
Tu fais du judo.
Il fait du ski.
Nous faisons du vélo.
Vous faites du patin.
Elles font du bateau.

p. 18 Je fais de la marche.
Tu fais de la danse.
Elle fait de la couture.
Nous faisons de la musique.
Vous faites de la natation.
Ils font de la peinture.

p. 20 1. Non, je ne dors pas.
2. Non, je ne regarde pas la télévision.
3. Non, je n'aime pas l'école.

p. 21 1. Non, il n'est pas jeune.
2. Non, ils ne sont pas riches.
3. Non, ils ne sont pas tristes.

p. 22 1. Tu ne fais pas de bruit.
2. Tu ne joues pas dans la rue.
3. Tu ne montes pas aux arbres.
4. Tu ne rentres pas tard.

p. 23 1. Je ne parle pas avec mes amies.
Non, elle ne parle pas avec ses amies, elle écoute la radio.
2. Je ne lave pas mon chien.
Non, il ne lave pas son chien, il lave la vaisselle.

p. 24 3. Je ne joue pas au tennis.
Non, il ne joue pas au tennis, il garde les enfants.
4. Nous ne faisons pas de la peinture.
Non, ils ne font pas de la peinture, ils font de la musique.

p. 25 5. Nous ne faisons pas de la marche.
Non, ils ne font pas de la marche, ils dansent.
6. Nous ne faisons pas la vaisselle.
Non, ils ne font pas la vaisselle, ils font la cuisine.

p. 28 1. Non, il n'a pas froid, il a chaud.
2. Non, elle n'a pas peur, elle a faim.
3. Non, il n'a pas soif, il a peur.

p. 29 4. Non, il n'a pas chaud, il a froid.

5. Non, ils n'ont pas faim, ils ont sommeil.
6. Non, ils n'ont pas sommeil, ils ont soif.

p. 30 1. J'ai sommeil.
2. J'ai peur.
3. J'ai froid.
4. J'ai faim.
5. J'ai soif.

p. 31 6. J'ai peur.
7. Nous avons froid.
8. J'ai sommeil.
9. J'ai peur.
10. Nous avons chaud/soif.

p. 32 1. Il a mal à la tête.
2. Il a mal au pied.
3. Il a mal aux yeux.
4. Il a mal au bras/aux bras.
5. Il a mal à la main.
6. Il a mal aux dents.
7. Il a mal à la jambe.
8. Il a mal aux oreilles.

p. 33 1. J'ai mal au coeur.
2. Nous avons mal à la tête.
3. J'ai mal à la tête / au bras / à la jambe / au pied.
4. J'ai mal aux dents.
5. J'ai mal à la jambe/au pied.

p. 34 1. Non, je n'ai pas froid aux pieds.
2. Non, je n'ai pas faim.
3. Non, je n'ai pas mal à la tête.
4. Non, je n'ai pas chaud.
5. Non, je n'ai pas peur du chien.
6. Non, je n'ai pas soif.
7. Non, je n'ai pas sommeil.

p. 36 1. À qui est-ce qu'il chante une chanson?
2. À qui est-ce qu'elle offre un cadeau?
3. À qui est-ce qu'il demande son chemin?

p. 37 4. À qui est-ce qu'elle donne de l'argent?
5. À qui est-ce qu'elle raconte une histoire?
6. À qui est-ce qu'il coupe les cheveux?

116

p. 38 1. Elles téléphonent à Sophie.
2. Il ressemble à son père/à son papa.
3. Il parle aux enfants.

p. 39 chanter ➝ une chanson
offrir ➝ un cadeau
raconter ➝ une histoire
donner ➝ de l'argent
couper ➝ les cheveux
1. Vous racontez une histoire aux enfants.
2. Il offre un cadeau à sa cousine.
3. Je chante une chanson au bébé.
4. Elle coupe les cheveux à son fils.
5. Ils donnent de l'argent aux pauvres.
6. Elles rêvent aux vacances.
7. Tu ressembles à ta soeur.
8. Nous parlons au professeur.

p. 42 1. Il y a un sac sur la table.
2. Il y a un homme sous le lit.
3. Il y a un voleur dans la maison.

p. 43 4. Il y a un policier devant la porte.
5. Il y a des policiers derrière le voleur.
6. Il y a un voleur entre les policiers.

p. 44 1. Il y a un oiseau sur l'arbre.
2. Il y a un policier devant la banque.
3. Il y a un voleur dans la banque.
4. Il y a un chat sous la voiture.
5. Il y a un chien entre les voitures.
6. Il y a un téléphone devant le restaurant.

p. 45 1. Non, il y a un policier devant la banque.
2. Non, il y a un voleur dans la banque.
3. Non, il y a un chat sous la voiture.
4. Non, il y a un chien entre les voitures.
5. Non, il y a un téléphone devant le restaurant.
6. Non, il y a une voiture dans le garage.

p. 47 1. Oui, je t'examine. Oui, elle l'examine.
2. Oui, je t'écoute. Oui, il l'écoute.
3. Oui, je t'aime. Oui, elle l'aime.

p. 48 1. Oui, ils le mangent.
2. Oui, il le coupe.
3. Oui, ils le lavent.

p. 49 1. Oui, ils la chantent.
2. Oui, ils la mangent.

3. Oui, il la présente.

p. 50 1. Oui, elle les fait.
2. Oui, ils les aiment.
3. Oui, elle les regarde.

p. 51 1. Ils le cherchent.
2. Elle la lave.
3. Il les porte.
4. Il le regarde.
5. Elle les garde.
6. Tu le fais.
7. Je l'aime.

p. 53 1. Apportez-moi un café.
2. Attendez-moi.
3. Écoutez-moi.

p. 54 1. Regarde-moi.
2. Écoute-moi.
3. Aime-moi.

p. 55 1. Écoute-moi.
2. Parle-moi.
3. Regarde-moi.
4. Aime-moi.
5. Écoute le professeur.
6. Mange ta soupe.
7. Ferme la fenêtre.
8. Embrasse ton frère.

p. 56 1. Entrez.
2. Arrêtez.
3. Traversez.

p. 57 1. Ferme la porte.
2. Signe la lettre.
3. Donne le ballon.

p. 59 1. Apporte le pain.
2. Prépare le café.
3. Mange la salade.
4. Coupe la viande.
5. Ajoute l'eau.
6. Apportez le lait.
7. Préparez la salade.
8. Mangez la viande.
9. Coupez le poulet.
10. Ajoutez le beurre.
11. Apportons le café.
12. Préparons le poulet.
13. Mangeons les fruits.
14. Coupons le fromage.
15. Ajoutons le lait.

p. 61
1. C'est mon vélo.
2. C'est mon bateau.
3. C'est ma voiture.
4. C'est ma raquette.
5. C'est ma valise.
6. C'est ma guitare.

p. 62
1. Ce sont mes skis.
2. Ce sont mes raquettes.
3. Ce sont mes clés.
4. Ce sont mes patins.
5. Ce sont mes livres.
6. Ce sont mes valises.

p. 63
1. Oui, c'est mon bateau.
2. Oui, c'est ma guitare.
3. Oui, ce sont mes skis.
4. Oui, ce sont ses valises.
5. Oui, c'est son vélo.
6. Oui, c'est son vélo.
7. Oui, c'est sa voiture.
8. Oui, c'est sa voiture.

p. 64
1. C'est mon frère.
   Oui, c'est son frère.
2. C'est mon bébé.
   Oui, c'est son bébé.
3. C'est mon mari.
   Oui, c'est son mari.
4. C'est mon papa.
   Oui, c'est son papa.

p. 65
1. C'est ma grand-mère.
   Oui, c'est sa grand-mère.
2. C'est ma maman.
   Oui, c'est sa maman.
3. C'est ma femme.
   Oui, c'est sa femme.
4. C'est ma fille.
   Oui, c'est sa fille.

p. 66
1. C'est notre soeur.
   Oui, c'est leur soeur.
2. C'est notre fille.
   Oui, c'est leur fille.
3. C'est notre bébé.
   Oui, c'est leur bébé.
4. C'est notre mère.
   Oui, c'est leur mère.

p. 67
1. Ce sont mes enfants.
2. Ce sont tes enfants.
3. Ce sont ses enfants.
4. Ce sont ses enfants.
5. Ce sont nos enfants.

p. 70
1. Je vais au bureau.
2. Nous allons au Mexique.
3. Il va en prison.
4. Nous allons au garage.

p. 71
1. Je vais au parc.
2. Tu vas à l'épicerie.
3. Nous allons à la maison.
4. Je vais au marché.
5. Il va à l'hôpital.
6. Nous allons au garage.
7. Tu vas à l'église.
8. Vous allez au cinéma.
9. Elles vont à la discothèque.

p. 72
1. Non, il va en Floride.
2. Non, elle va à l'école.
3. Non, il va à l'hôpital.
4. Non, il va au bureau.

p. 73
1. Je vais chez ma grand-mère.
2. Je vais chez moi.
3. Ils vont chez le coiffeur.
4. Nous allons chez ma soeur.

p. 76 4 h 05 Il est quatre heures cinq.
6 h 10 Il est six heures dix.
9 h 20 Il est neuf heures vingt.
11 h 30 Il est onze heures et demie/
         Il est onze heures trente.
12 h 00 Il est midi / Il est minuit.
1. Je vais à l'école à huit heures moins dix.
2. Ma mère prépare le repas à six heures.
3. Nous mangeons à six heures et demie.
4. Nous allons au cinéma à huit heures et quart/Nous allons au cinéma à huit heures quinze.

p. 77

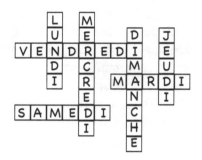

1. À huit heures, je vais à l'école.
2. À dix heures, je joue au ballon.
3. À midi, je mange au restaurant.
4. À trois heures, je fais mes devoirs.
5. À quatre heures, je regarde la télévision.
6. À cinq heures, je téléphone à mes amis.
7. À sept heures, je monte dans ma chambre.
8. À minuit, je suis dans mon lit.

p. 79
1. Le matin, il va au bureau.
2. L'après-midi, ils jouent.
3. Le soir, ils regardent la télévision.
4. La nuit, il mange.

p. 80
1. Ils font la cuisine le lundi soir.
2. Il fait du vélo le dimanche après-midi.
3. Elle fait du patin le mardi.
4. Il fait des réparations le samedi matin.
5. Ils font de la musique le dimanche soir.
6. Elle fait du judo le vendredi.
7. Il fait de la peinture le mercredi.
8. Elle fait de la danse le jeudi.

p. 82
1. Au revoir. Il lui dit au revoir.
2. Un café. Il lui demande un café.
3. Debout. Il lui dit debout.
4. Bonjour. Il lui dit bonjour.

p. 83
1. Oui, il lui écrit une lettre.
2. Oui, il leur présente son amie.
3. Oui, elle lui donne de l'argent.
4. Oui, elle leur raconte une histoire.

p. 84
5. Oui, il lui coupe les cheveux.
6. Oui, elle leur offre des cadeaux.
7. Oui, il lui demande son chemin.
8. Oui, il lui chante une chanson.

p. 85
1. Il raconte une histoire aux enfants.
   Il leur raconte une histoire.
2. Il demande son chemin au policier.
   Il lui demande son chemin.
3. Elle donne de l'argent à sa nièce.
   Elle lui donne de l'argent.
4. Il écrit une lettre à sa mère.
   Il lui écrit une lettre.
5. Elle offre des cadeaux à ses amis.
   Elle leur offre des cadeaux.

6. Il présente son amie à ses parents.
   Il leur présente son amie.

p. 86
1. Tu me donnes un cadeau!
2. Ils me lancent des fleurs!
3. Il nous raconte des histoires!
4. Il me ressemble!

p. 89
1. J'écris mon nom avec un crayon.
2. Je mange ma viande avec une fourchette.
3. Je bois mon lait avec une paille.
4. Je joue au tennis avec une raquette.
5. Je coupe le bois avec une hache.
6. Je lis le journal avec des lunettes.
7. Je mange la soupe avec une cuillère.
8. Je lave mon chien avec une brosse.
9. Je fais de la peinture avec un pinceau.
10. Je fais le ménage avec un balai.
11. Je répare la chaise avec un marteau.
12. Je coupe le poulet avec un couteau.

p. 91
1. Je vais à New York en train.
2. On va au japon en avion.
3. Elle va à l'hôpital en ambulance.
4. Je vais à l'école en autobus.
5. Il va au bureau en métro.
6. Ils vont à l'aéroport en taxi.
7. Nous allons à la plage en bateau.

p. 92

S	U	R	A	R	T	T	E	D	S
R	P	I	N	C	E	A	U	X	A
O	B	N	U	R	N	O	T	E	C
U	R	C	R	A	E	H	I	I	U
T	O	O	I	Y	B	A	L	A	I
U	S	U	N	O	B	C	A	T	L
I	S	T	A	N	R	H	R	U	L
P	E	E	L	I	S	E	U	I	E
E	T	A	R	M	O	T	I	F	R
F	O	U	R	C	H	E	T	T	E

p. 93

P	R	O	M	I	S	T	E	I	M
O	A	M	B	U	L	A	N	C	E
U	U	F	M	U	L	Y	R	A	T
R	T	R	U	I	T	E	N	M	R
T	O	B	R	U	I	R	T	I	O
U	B	A	T	E	A	U	U	O	T
A	U	Y	A	A	V	I	O	N	U
E	S	T	X	R	E	U	R	U	I
T	R	A	I	N	U	I	E	T	E
R	U	I	L	R	E	S	T	E	N

p. 94 1. Non, on mange la soupe avec une cuillère.
2. Non, on fait le ménage avec un balai.
3. Non, on coupe la viande avec un couteau.
4. Non, on traverse le lac en bateau.
5. Non, on va à l'école en autobus.
6. Non, on joue au tennis avec une raquette.
7. Non, on va au Japon en avion.

p. 96 1. C'est une bonne crème glacée.
2. C'est un gentil petit bébé.
3. C'est une pauvre vieille grand-mère.
4. C'est une grosse voiture neuve.

p. 100 1. Ta soeur est grande.
2. Sa fille est petite.
3. Ma mère est gentille.
4. Leur grand-mère est vieille.
5. Notre voisine est méchante.

p. 101 1. Il est grand.
2. Il est vieux.
3. Il est maigre.
4. Il est méchant.

p. 102 5. Il fait chaud.
6. Il fait froid.
7. Ils sont pauvres.
8. Elles sont riches.

p. 104 1. Quand je vais être grand, je vais être pompier.
2. Quand je vais être grand, je vais faire des voyages.
3. Quand je vais être grand, je vais avoir des enfants.

p. 105 4. Quand je vais être grand, je ne vais pas aller à l'école.
5. Quand nous allons être grands, nous allons faire des voyages.
6. Quand nous allons être grands, nous allons être riches.

p. 106 1. Dimanche prochain, nous allons faire la fête.
2. Ce soir, je vais regarder la télévision.
3. Demain, tu vas aller chez ta grand-mère.
4. La semaine prochaine, il va faire le ménage.

5. Lundi matin, elle va aller chez le dentiste.
6. Mardi soir, nous allons parler au directeur.
7. Mercredi midi, vous allez manger au restaurant.
8. Jeudi matin, ils vont jouer au tennis.
9. Vendredi soir, je vais aller au cinéma.
10. Samedi soir, elles vont danser à la discothèque.

p. 107 1. Ils vont aller au théâtre.
2. Ils vont manger au restaurant.
3. Ils vont danser.

p. 108 1. Il va aller à la pêche.
2. Il va aller à la plage.
3. Ils vont avoir une voiture.

p. 110 1. Il va aller à la pêche.
2. Il va jouer au tennis.
3. Elles vont jardiner.

p. 111 1. Il va faire du bateau.
2. Elle va faire du vélo.
3. Il va aller à la plage.

p. 112 1. Il va aller à la chasse.
2. Il va manger des pommes.
3. Il va couper du bois.

p. 113 1. Il va faire du ski.
2. Il va faire de la raquette.
3. Elle va faire du patin.

Table des Matières